林家木久扇の みんなが元気になる 学校寄席入門

❸演じてみよう「寿《じゅ》限《げ》無《む》」

監修／林家木久扇

出演／林家木久扇

編・著／こどもくらぶ

彩流社

はじめに

落語《らくご》ができたのは江戸《えど》時代《じだい》です。江戸《えど》時代《じだい》は、それまでの時代《じだい》とことなり、３００年《ねん》あまりの長《なが》いあいだにわたり、戦乱《せんらん》がなく、商業《しょうぎょう》や工業《こうぎょう》が発展《はってん》し、さまざまな文《ぶん》化《か》が花開《はなひら》きました。落語《らくご》もそのひとつ。庶民《しょみん》の娯楽《ごらく》として大流行《だいりゅうこう》し、江戸《えど》のまちには「寄席《よせ》」が１７０軒《けん》もありました。

現在《げんざい》、落語《らくご》の話《はなし》は約千《やくせん》あります。たいてい話《はなし》には、しっかり者《もの》、おっちょこちょいな人《ひと》、ぼうっとした人《ひと》、あわてんぼう、けちんぼう、そしておおらかな人《ひと》など、個性《こせい》豊《ゆた》かな人《ひと》が登場《とうじょう》してきます。そうした登場人物《とうじょうじんぶつ》がおりなすこっけいな話《はなし》、とぼけた話《はなし》などが、落語《らくご》というものです。話《はなし》をするのは、たったひとりの落語家《らくごか》です。ひとりが何人《なんにん》かの役《やく》をするのも落語《らくご》のおもしろさです。

現代《げんだい》では、落語《らくご》は江戸《えど》時代《じだい》ほどには人気《にんき》がなくなりました。しかし、落語《らくご》に登場《とうじょう》してくる人物《じんぶつ》のせりふや行動《こうどう》は、わたしたちにとっても、どこかで見《み》たり聞《き》いたりする、だれもが身《み》に覚《おぼ》えのあるような感《かん》じがするものです。落語《らくご》の話《はなし》をおもしろいと感《かん》じる心《こころ》は、江戸《えど》時代《じだい》の人《ひと》も現代《げんだい》の人《ひと》も同《おな》じなのです。それが日本人《にほんじん》！落語《らくご》を知《し》ることは、日本《にほん》の文《ぶん》化《か》を知《し》ることです。現代《げんだい》では、日本《にほん》もどんどん西欧化《せいおうか》が進《すす》み、反対《はんたい》に日本《にほん》らしさ、日本人《にほんじん》らしさが失《うしな》われてきました。しかし、日本人《にほんじん》であるかぎり、日本人《にほんじん》らしさはもちつづけたいものです。

このシリーズ「林家木久扇《はやしやきくおう》のみんなが元気《げんき》になる学校《がっこう》寄席入門《よせにゅうもん》」では、落語《らくご》の楽《たの》しみや演《えん》じるための方法《ほうほう》などを４巻《かん》にわけて見《み》ていきます。みなさんには落語《らくご》をとおして日本《にほん》の文《ぶん》化《か》を再発見《さいはっけん》してもらいたいと願《ねが》っています。

①落語《らくご》ってホントにおもしろい！
②落語《らくご》の見方《みかた》・聞《き》き方《かた》
③演《えん》じてみよう「寿限無《じゅげむ》」
④演《えん》じてみよう「時《とき》そば」

さあ、この本《ほん》を読《よ》んで、みなさんの学校《がっこう》でも、学校《がっこう》寄席《よせ》に挑戦《ちょうせん》してください。そして、日本《にほん》の文《ぶん》化《か》をしっかり理解《りかい》し、きちんと伝《つた》えていってください。

林家木久扇

もくじ

パート2のマークの見方《みかた》

せりふをいう登場人物《とうじょうじんぶつ》と顔《かお》の向《む》きを示《しめ》したイラストです。

このせりふにつけるしぐさの写真《しゃしん》の番号《ばんごう》です。

このマークのあるところでは、次《つぎ》のせりふをいう前《まえ》に、少《すこ》し間《ま》をあけます。

せりふをいう際《さい》の表情《ひょうじょう》や、しぐさです（演《えん》じる際《さい》には読《よ》まない）。

動作《どうさ》について解説《かいせつ》します。

むずかしい言葉《ことば》には★をつけて、ページ下部《かぶ》で解説《かいせつ》をしています。

演《えん》じる際《さい》に参考《さんこう》にしたい登《とう》場人物《じょうじんぶつ》の心情《しんじょう》や考《かんが》え、演技《えんぎ》をじょうずに見《み》せるためのポイントです。

登場人物《とうじょうじんぶつ》の気持《きも》ちをマークで示《しめ》しています。

- 平静《へいせい》
- うれしい
- おこっている
- 悲《かな》しい
- びっくり
- あきれる
- こまっている
- わからない

落語《らくご》を演《えん》じる最大《さいだい》のコツは大《おお》きな声《こえ》でしゃべること。少《すこ》しくらいまちがえてもかまわない！ 元気《げんき》よく演《えん》じよう！

1 寿限無《じゅげむ》……は、名前《なまえ》！

落語《らくご》の有名《ゆうめい》な演目《えんもく》のひとつに「寿限無《じゅげむ》」があります。これは「寿限無寿限無五劫《じゅげむじゅげむごこう》……」と続《つづ》く長《なが》～い名前《なまえ》！　いったいどういうことでしょうか？

どんなあらすじ？

「寿限無《じゅげむ》」という落語《らくご》は、赤《あか》ん坊《ぼう》をさずかった父親《ちちおや》が、わが子《こ》に長生《ながい》きする名《な》前《まえ》をつけたいと、もの知《し》りのご隠居《いんきょ》さんに相談《そうだん》する場面《ばめん》からはじまります。ご隠居《いんきょ》さんに「寿限無《じゅげむ》」や「五劫《ごこう》のすりきれ」「海砂利水魚《かいじゃりすいぎょ》」などという、おめでたい言葉《ことば》をいくつも紹介《しょうかい》してもらった父《ち》親《おや》は、迷《まよ》ったあげくに全部《ぜんぶ》をつなげて命《めい》名《めい》してしまいます。やがて、子《こ》どもが大《おお》きくなると、漢字《かんじ》・仮名《かな》あわせて100文字《もじ》となった長《なが》い名前《なまえ》が原因《げんいん》で、さまざまな騒動《そうどう》がおこるといった話《はなし》です。

100文字《もじ》の名前《なまえ》＊とは？

寿《じゅ》限《げ》無《む》❶ 寿《じゅ》限《げ》無《む》……6文字《もじ》
五《ご》劫《こう》のすりきれ❷……7文字《もじ》
海《かい》砂《じゃ》利《り》水《すい》魚《ぎょ》❸の……6文字《もじ》
水《すい》行《ぎょう》末《まつ》 雲《うん》来《らい》末《まつ》 風《ふう》来《らい》末《まつ》❹……9文字《もじ》
食《く》う寝《ね》る処《ところ》に住《す》む処《ところ》❺……9文字《もじ》
藪《やぶ》ら柑《こう》子《じ》の藪《やぶ》柑《こう》子《じ》❻……8文字《もじ》
パイポパイポ……6文字《もじ》
パイポのシューリンガン……9文字《もじ》
シューリンガンのグーリンダイ……11文字《もじ》
グーリンダイのポンポコナー……11文字《もじ》
ポンポコナーのポンポコピー❼の……12文字《もじ》
長《ちょう》久《きゅう》命《めい》❽の長《ちょう》助《すけ》❾……6文字《もじ》

＊「音引《おんび》き（ー）」や「拗音《ようおん》（「きゃ」「きゅ」「きょ」）など」がつく文字《もじ》は、まとめて1文字《もじ》と数《かぞ》えている。落語家《らくごか》によっては、一部《いちぶ》ちがういい方《かた》をすることもある。

❶寿限無《じゅげむ》
『無量寿経《むりょうじゅきょう》』という仏教《ぶっきょう》の教典《きょうてん》に出《で》てくる言《こと》葉《ば》。限《かぎ》りない長寿《ちょうじゅ》のこと。

❷五劫《ごこう》のすりきれ
「劫《こう》」は、仏教《ぶっきょう》などの時間《じかん》の単位《たんい》。一劫《いっこう》でも、ほぼ無限《むげん》といえる長《なが》い時間《じかん》とされ、それが5つあるという（→P19）。

❸海砂利水魚《かいじゃりすいぎょ》
海《うみ》の底《そこ》にある砂利《じゃり》や、水《みず》のなかの魚《さかな》のように数限《かずかぎ》りないこと。

落語《らくご》の基本《きほん》がつまった演目《えんもく》

「寿限無《じゅげむ》」には、次《つぎ》のような特徴《とくちょう》があります。①長《なが》い名前《なまえ》を暗記《あんき》する。②何度《なんど》も同《おな》じ名前《なまえ》をくりかえしいう。③年齢《ねんれい》、性別《せいべつ》のちがう複数《ふくすう》の登場人物《とうじょうじんぶつ》を演《えん》じわける。これらは落語《らくご》を演《えん》じる上《うえ》で、もっとも基本的《きほんてき》なことがらです。そのため「寿限無《じゅげむ》」は、落語《らくご》の基礎《きそ》を身《み》につけるのに適《てき》した演目《えんもく》といわれています。

ワンポイント講座《こうざ》

話《はなし》の成《な》りたち

「寿限無《じゅげむ》」のもととなったのは、「落語家《らくごか》の祖《そ》」といわれる米沢彦八《よねざわひこはち》（→1巻《かん》P5）が1703年《ねん》に刊行《かんこう》した『軽口御前男《かるくちごぜんおとこ》』に出《で》てくる話《はなし》といわれています。これは、長《なが》い名前《なまえ》の子《こ》が川《かわ》に落《お》ちてしまい、名前《なまえ》をよんでいるうちにどんどん流《なが》されてしまうという話《はなし》です。子《こ》どもが川《かわ》に流《なが》されるというのは、残酷《ざんこく》！ そこで現在《げんざい》のような話《はなし》に改編《かいへん》されていったといわれています。

4 水行末《すいぎょうまつ》 雲来末《うんらいまつ》 風来末《ふうらいまつ》

水《みず》、雲《くも》、風《かぜ》のいく先《さき》は、はてがないということ。

5 食《く》う寝《ね》る処《ところ》に住《す》む処《ところ》

人《ひと》が生《い》きていくのに欠《か》かせない食《た》べものと家《いえ》をあらわした言葉《ことば》。

6 藪《やぶ》ら柑子《こうじ》の藪柑子《やぶこうじ》*

生命力《せいめいりょく》の強《つよ》いヤブコウジという植物《しょくぶつ》の名前《なまえ》に、独特《どくとく》の節《ふし》をつけた言葉《ことば》。

*ぶら柑子《こうじ》という場合《ばあい》もある。

7 パイポのシューリンガン グーリンダイ ポンポコナー ポンポコピー

シューリンガンは、唐土《もろこし》（中国《ちゅうごく》）にあったという設定《せってい》のパイポ王国《おうこく》の王様《おうさま》の名前《なまえ》で、グーリンダイはその妃《きさき》。ポンポコナーとポンポコピーはその子《こ》どもで、4人《にん》とも大変長生《たいへんなが》きしたという。いずれも架空《かくう》の話《はなし》。

8 長久命《ちょうきゅうめい》

長寿《ちょうじゅ》を願《ねが》って「長《なが》く久《ひさ》しく」の漢字《かんじ》をつなげたもの。

9 長助《ちょうすけ》

縁起《えんぎ》のよい漢字《かんじ》をつかった名前《なまえ》。

絵／林家木久扇

2 登場人物《とうじょうじんぶつ》・話《はなし》の展開《てんかい》

「寿限無《じゅげむ》」には、主人公《しゅじんこう》のせりふがありません。この演目《えんもく》は、それでも話《はなし》がなりたつおもしろい話《はなし》です。

「寿限無《じゅげむ》」の登場人物《とうじょうじんぶつ》

「寿限無《じゅげむ》」の話《はなし》の舞台《ぶたい》は、江戸《えど》のまちのとある長屋《ながや》(→2巻《かん》P16)です（お寺の場合もある)。出《で》てくる登場人物《とうじょうじんぶつ》は5人《にん》です。

八《はっ》つぁん

威勢《いせい》のよい江戸《えど》っ子《こ》の職人《しょくにん》。おっちょこちょいで、せっかち。

演技《えんぎ》の工夫《くふう》：べらんめえ口調《くちょう》で話《はな》す。ご隠居《いんきょ》さんと話《はな》すときは上手《かみて》*を向《む》き、おかみさんや子《こ》どもと話《はな》すときは下手《しもて》*を向《む》く。

***客席《きゃくせき》から見《み》て舞台《ぶたい》の右側《みぎがわ》が上手《かみて》。左側《ひだりがわ》が下手《しもて》。**

おかみさん

しっかりもので、八《はっ》つぁんをささえる役割《やくわり》をする。

演技《えんぎ》の工夫《くふう》：えりもとを手《て》でおさえながら、ほかの登場人物《とうじょうじんぶつ》よりもやや早口《はやくち》でしゃべる。八《はっ》つぁんと話《はな》すときは上手《かみて》を向《む》く。

ご隠居《いんきょ》さん

町内《ちょうない》の人《ひと》びとから頼《たよ》りにされている相談役《そうだんやく》。

演技《えんぎ》の工夫《くふう》：ゆっくりと、落《お》ちついた口調《くちょう》で話《はな》す。八《はっ》つぁんと話《はな》すときは下手《しもて》を向《む》く。

竹《たけ》ちゃん

寿限無《じゅげむ》の友《とも》だちで、子《こ》どもにしてはしっかりもの。

演技《えんぎ》の工夫《くふう》：子《こ》どもだとわかるように、大人《おとな》と話《はな》すときは上目《うわめ》づかいで、上手《かみて》を向《む》いて話《はな》す。現代《げんだい》っ子《こ》ふうに、手《て》は、ランドセルのベルトをにぎりしめた形《かたち》にすることもある。

マーちゃん

寿限無《じゅげむ》の友《とも》だちで、少《すこ》し気《き》の弱《よわ》い子《こ》ども。

演技《えんぎ》の工夫《くふう》：両手《りょうて》で涙《なみだ》をふいて、わんわん泣《な》きながら話《はな》す。

話《はなし》の展開《てんかい》

「寿限無《じゅげむ》」は、大《おお》きく4つの場面《ばめん》にわけることができます。

場面《ばめん》❶ 八《はっ》つぁん、ご隠居《いんきょ》さんをたずねる（P8～P14）
八《はっ》つぁんが、物知《ものし》りのご隠居《いんきょ》さんのもとをおとずれる。おっちょこちょいの八《はっ》つぁんが、生《う》まれた我《わ》が子《こ》に名前《なまえ》をつけてほしいという用件《ようけん》を切《き》りだすまでに、さんざんとんちんかんなことをしゃべる。

場面《ばめん》❷ ご隠居《いんきょ》さん、名前《なまえ》を考《かんが》える（P14～P25）
ご隠居《いんきょ》さんが本《ほん》をとりだしてきて、「寿限無《じゅげむ》」や「五劫《ごこう》のすりきれ」など、縁起《えんぎ》のいい名前《なまえ》をいくつもあげる。その名前《なまえ》を聞《き》いた八《はっ》つぁんは、いちいちおかしな返答《へんとう》をくりかえす。

場面《ばめん》❸ 寿限無《じゅげむ》、登校《とうこう》する（P25～P26）
寿限無《じゅげむ》が小学校《しょうがっこう》に登校《とうこう》する朝《あさ》をえがいた場面《ばめん》。寿限無《じゅげむ》をむかえにきた友《とも》だちの竹《たけ》ちゃんが、家《いえ》の外《そと》から寿限無《じゅげむ》の名前《なまえ》をよぶが、あまりの長《なが》さに遅刻《ちこく》しそうになる。

場面《ばめん》❹ 八《はっ》つぁんの家《いえ》で（P27～P29）
わんぱく坊主《ぼうず》に育《そだ》った寿限無《じゅげむ》。ある日《ひ》、ケンカしてぶたれたというマーちゃんが、泣《な》きながら、八《はっ》つぁんとおかみさんにいいつけにくる。いろんな登場人物《とうじょうじんぶつ》が、いろんな口調《くちょう》で寿限無《じゅげむ》……と何度《なんど》もくりかえす、話《はなし》のいちばんの聞《き》かせどころ。

P6～7絵／林家木久扇

▲長屋《ながや》のイメージ（夫婦《ふうふ》げんかをとめるご隠居《いんきょ》さん）。長屋《ながや》の住人《じゅうにん》は、おたがいにものの貸《か》し借《か》りをしたり、めんどうを見《み》あったりしながらくらした。

木久扇版《きくおうばん》

せりふとしぐさ

ここからは、木久扇師匠《きくおうししょう》の演技《えんぎ》を参考《さんこう》に、実際《じっさい》に「寿限無《じゅげむ》」を演《えん》じてみましょう。複数《ふくすう》の登場人物《とうじょうじんぶつ》は、顔《かお》の向《む》き、口調《くちょう》をかえることで演《えん》じわけます。

※マークの見方《みかた》はP3参照《さんしょう》。

場面《ばめん》 1 八《はっ》つぁん、ご隠居《いんきょ》さんをたずねる

ざぶとんにすわったらまずおじぎ⬇1

仲《なか》のよい夫婦《ふうふ》に子《こ》どもが生《う》まれます。その赤《あか》ちゃんに名前《なまえ》をつけるのが男《おとこ》の大役《たいやく》でありまして……。

こんちわ〜、こんちわ〜。

目線《めせん》はやや下向《したむ》きで手《て》まねきする⬇2

はい、はい、だれだい？おやおや、何《なん》だい、八《はっ》つぁんじゃないか。いいからこっちに入《はい》んな。

2

1

▲扇子《せんす》と手《て》ぬぐいをざぶとんの前《まえ》において頭《あたま》をさげる。

1 落語家自身《らくごかじしん》の言葉《ことば》としてしゃべるせりふのマーク。

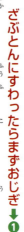

上手《かみて》を見《み》て家《いえ》にあがったつもりで
どうも、ご隠居《いんきょ》さん、おめでとうございます。

目線《めせん》は水平《すいへい》で
何《なん》だい、来《く》るそうそう、「おめでとう」って。
何《なに》かめでたいことでもあったのかい？

満面《まんめん》のえがおで➌
え、いやいや、
めでてえの何《なん》のってね、
お子《こ》さまがお生《う》まれになっちゃってね。

へえ〜、赤《あか》ちゃんが生《う》まれた、
それはおめでたいな。それはどこのうちだい？

隠居《いんきょ》さんのよく知《し》っているうちですよ。

わたしがよく知《し》っている
うちっていうと、ご町内《ちょうない》の方《かた》かい？

右手《みぎて》を前《まえ》にのばして指《ゆび》をさしながら➍
え〜、町内《ちょうない》も町内《ちょうない》。
この路地《ろじ》をずうっと出《で》るでしょ。
左《ひだり》に曲《ま》がって３軒目《けんめ》の……。

❸

▲赤《あか》んぼうをかかえたふりをする。

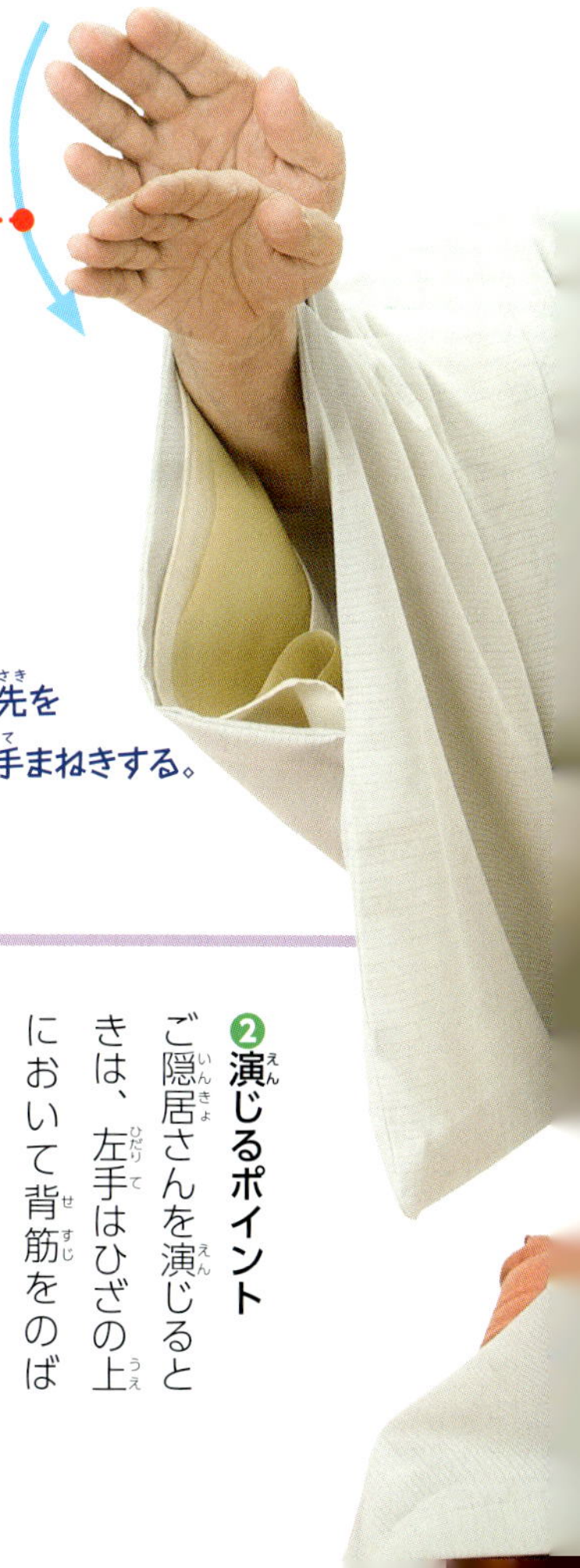

手首《てくび》から先《さき》を動《うご》かして手《て》まねきする。

❹
家《いえ》の外《そと》の路地《ろじ》をのぞきこむように、少《すこ》し頭《あたま》をかたむける。
この路地《ろじ》をずうっと出《で》るでしょ。
1
左《ひだり》に曲《ま》がって……
2
3軒目《けんめ》の……。
3

❷演《えん》じるポイント
ご隠居《いんきょ》さんを演《えん》じるときは、左手《ひだりて》はひざの上《うえ》において背筋《せすじ》をのばす。

❹演《えん》じるポイント
道順《みちじゅん》を頭《あたま》にえがきながらしゃべるので、口調《くちょう》はややゆっくりと。せりふにあわせて、指《ゆび》の出《だ》し方《かた》をかえる。

やや上《うえ》を向《む》き、あごに手《て》をあてる⬇❶

？ほぉーん、あたしのところを出《で》て左《ひだり》に曲《ま》がって3……軒目《けんめ》……。

おどろいた表情《ひょうじょう》で⬇❷

それは八《はっ》つぁん、じゃあ、お前《まえ》さんのうちじゃないか！

うれしそうに、自分《じぶん》を指《ゆび》さしながら⬇❸

そぉなんですよ、あっしんところでお子《こ》さまがお生《う》まれになっちゃってね、おめでとうございます。

▲両手《りょうて》の指《ゆび》で自分《じぶん》をさす。

何《なん》だかお前《まえ》、自分《じぶん》のところで子《こ》どもが生《う》まれて「お子《こ》さまがお生《う》まれになった」ってぇ〜のは、そりゃあおかしい。

あぁ〜そーかい、そりゃあめでたいなぁー。そういやこのあいだ、井戸端《いどばた》★んところで、お前《まえ》さんの

▲八《はっ》つぁんから聞《き》いた道順《みちじゅん》を想像《そうぞう》しながら、ゆっくりしゃべる。「3軒目《けんめ》」で、左手《ひだりて》で3本《ぼん》の指《ゆび》を立《た》てる。

1 だれの家《いえ》か気《き》づいた瞬間《しゅんかん》に右手《みぎて》を軽《かる》くにぎって、左《ひだり》の手《て》のひらをぽんとたたく。

2 ぽんとたたいてすぐに八《はっ》つぁんを指《ゆび》さしながら次《つぎ》のせりふをいう。

❷演《えん》じるポイント
前《まえ》のせりふ「3……軒《けん》目《め》……。」から一拍《いっぱく》おいて、はっと気《き》がつく。

★井戸端《いどばた》
長屋《ながや》の住人《じゅうにん》が共同《きょうどう》でつかう井戸《いど》の横《よこ》のこと。

おかみさんにあった。
大《おお》きなお腹《なか》を
かかえていたっけな。
で、いつ生《う》まれたんだい？

指《ゆび》で7の数《かず》を示《しめ》しながら⬇4
え〜、ちょうど、
初七日《しょなのか》★になりますがね。

心配《しんぱい》そうな表情《ひょうじょう》で⬇5
何《なん》だい、
その初七日《しょなのか》ってぇのは？
え〜、じゃあ何《なに》かい、
赤《あか》ん坊《ぼう》は生《う》まれてすぐ
なくなったのかい？

両《りょう》うでをまげたりのばしたりしながら⬇6
冗談《じょうだん》いっちゃいけませんぜ、
うちでぴんぴん生《い》きてますよ。

予想《よそう》と正反対《せいはんたい》の答《こた》えにおどろいて
だってお前《まえ》、今《いま》、初七日《しょなのか》っていったろ！

えー、生《う》まれてから七日目《なのかめ》ですからね。

4

▲上手《かみて》にむかって手《て》を広《ひろ》げる。

5

▲手《て》をにぎりしめて、顔《かお》をしかめる。

うちでぴんぴん生《い》きてますよ。

6

着物《きもの》を着《き》ている場合《ばあい》は、そでをつまんで左右《さゆう》にふり、動作《どうさ》を大《おお》きく見《み》せる。

★初七日《しょなのか》
人《ひと》が亡《な》くなって七日《なのか》目《め》、または、その日《ひ》におこなう法要《ほうよう》のこと。

6演《えん》じるポイント
元気《げんき》な赤《あか》ん坊《ぼう》が生《う》まれたことが、うれしくてたまらないような表情《ひょうじょう》でしゃべる。

いかりをこして、あきれた口調《くちょう》で

😐バカなことというんじゃないよ。
初七日《しょなのか》っていうのはな、
人《ひと》が亡《な》くなったり、縁起《えんぎ》が
よくないときにつかう言葉《ことば》だ。
それをいうなら七夜《しちや》★といいなさい。⬇1

げんこつをにぎりしめながら⬇2

😠質屋《しちや》★あー、冗談《じょうだん》いっちゃいけねぇ、隠居《いんきょ》さん。
いくらうちが貧乏《びんぼう》だからってねぇ、
できたての赤《あか》ん坊《ぼう》を質屋《しちや》には入《い》れねぇー。

😐そーじゃない、人間生《にんげんう》まれて六日目《むいかめ》を六日《むいか》だれ、
七日目《なのかめ》を七夜《しちや》といってな、世間《せけん》じゃみなさん七夜《しちや》という。

😐あぁー、そうなんですよ、それなんですよ。

おかみさんのせりふをしゃべるときは、えりもとに手《て》をそえる⬇3

😐うちのかかあがね、「お前《まえ》さん今日《きょう》は七日目《なのかめ》だから
名前《なまえ》をつけなきゃいけないから何《なに》かいいの考《かんが》えてくれ」って
そういうからね。

片手《かたて》を前《まえ》に出《だ》し「いやいや」という表情《ひょうじょう》で⬇4

😐「何《なに》をいってやがるんだよ、
おれぁ、いくら貧乏《びんぼう》だからっていったってな、名前《なまえ》なんぞ
考《かんが》えるほどもうろくしてねぇ！」って断《ことわ》ったよ。

▲下手《しもて》に向《む》かって「7」の数《かず》を示《しめ》す。

▼こぶしで鼻《はな》をこすりあげる。

▲おかみさんのまねをする八《はっ》つぁんの演技《えんぎ》。

▲おかみさんに「断《ことわ》った」という八《はっ》つぁんの表情《ひょうじょう》。

★七夜《しちや》
子《こ》どもが生《う》まれて七日《なのか》目《め》の祝《いわ》いの夜《よる》のこと。

2 演《えん》じるポイント
ほこり高《たか》い江戸《えど》っ子《こ》の八《はっ》つぁん。体面《たいめん》がそこなわれたと感《かん》じるとご隠居《いんきょ》さん相手《あいて》でも威勢《いせい》よくいいかえす。

★質屋《しちや》
ものをあずかるかわりに、お金《かね》を貸《か》す商売《しょうばい》のこと。お金《かね》を借《か》りた側《がわ》は、利子《りし》をつけてお金《かね》をかえす。かえせない場合《ばあい》は、あずけたものがかえってこない。

3 演《えん》じるポイント
八《はっ》つぁんの家《いえ》のなかでの夫婦《ふうふ》の会話《かいわ》を再現《さいげん》するシーン。おかみさんのせりふは女性《じょせい》っぽく聞《き》こえるように。

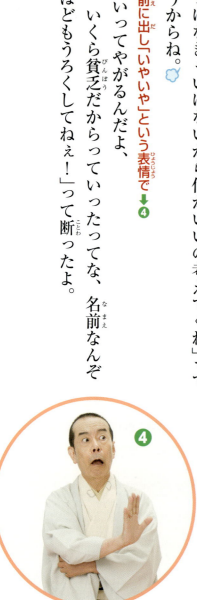

そんないい草《ぐさ》があるかい。名前《なまえ》がなくちゃよびようがないよ。

ご隠居《いんきょ》の方《ほう》を向《む》いて夢中《むちゅう》でしゃべる⬇5

じゃ、しかたねぇから、「横町《よこちょう》の隠居《いんきょ》さん、あれは人間《にんげん》がぼうっとしているからね、わぁっておだてりゃいい気《き》になって何《なに》かいい名前《なまえ》を考《かんが》えてくれるだろうから、ちょっとひとっ走《ぱし》りいっといで⬇6」っていうもんですから、飛《と》んできたんですがね、おい、名前《なまえ》をつけろ！

どうもお前《まえ》さんはその何《なん》だなぁ、いいにくいことをハッキリいうな！

何《なん》かいいました？

何《なん》かいいましたかって、横町《よこちょう》の何《なん》だって？

5
あれは人間《にんげん》がぼうっとしているからね、
会話《かいわ》のなかでご隠居《いんきょ》さんのことを「あれ」と指《ゆび》で示《しめ》す。
「ぼうっと」のところで、左手《ひだりて》を上《あ》げながら、手《て》のひらを上《うえ》に向《む》け開《ひら》く。
1
2

6
ひとっ走《ぱし》りいっといで
八《はっ》つぁんの背中《せなか》をぽんと押《お》すおかみさん。
1
2

4 演《えん》じるポイント
江戸《えど》っ子《こ》らしく少《すこ》し早口《はや》でしゃべる。

5 演《えん》じるポイント
ご隠居《いんきょ》さんとしゃべっていることを忘《わす》れて、おかみさんがいったご隠居《いんきょ》さんの悪口《わるぐち》を、そのまま一息《ひといき》でしゃべってしまう。最後《さいご》に一拍《いっぱく》おいて「おい、名前《なまえ》をつけろ！」。

え、横町《よこちょう》の凸凹《でこぼこ》あれはね、根《ね》がおっちょこちょいだからね、わぁとおだてりゃいい名前《なまえ》を考《かんが》えてくれる……、

えっ、あっ、隠居《いんきょ》さんそこにいたかい。⬇1

おこったようすで⬇2

だれと話《はな》しているんだ！　人《ひと》をつかまえて凸凹凸凹《でこぼこでこぼこ》とは。もっと丁寧《ていねい》な言葉《ことば》をつかいな。

あー、丁寧《ていねい》にねぇ、じゃー、お凸凹《でこぼこ》。

あきれた口調《くちょう》で

じゃ、お凸凹《でこぼこ》っていうやつがあるかい。まぁまぁ、お前《まえ》のいうこっちゃ腹《はら》も立《た》てられない。

▲八《はっ》つぁんを指《ゆび》さしながら、お説教《せっきょう》をする。

▲本人《ほんにん》を目《め》の前《まえ》にして悪口《わるぐち》をいっていたことに気《き》がつき、頭《あたま》をかいてきまりの悪《わる》そうな表情《ひょうじょう》。

場面《ばめん》2　ご隠居《いんきょ》さん、名前《なまえ》を考《かんが》える

しかたがないと、落《お》ちつきをとりもどしたようすで

じゃあ、まぁ名前《なまえ》をつけてやろう。で、生《う》まれたのは男子《なんし》か女子《にょし》★か？⬇3

生《う》まれたのは男子《なんし》か女子《にょし》か？

「男子《なんし》か女子《にょし》か？」というせりふとともに、指《ゆび》を立《た》てた右手《みぎて》と左手《ひだりて》をこうごに前《まえ》に出《だ》す。

★**男子《なんし》か女子《にょし》か？**

男《おとこ》を「なん」、女《おんな》を「にょ」とよんだいい方《かた》。中国南方《ちゅうごくなんぽう》から伝《つた》わった読《よ》み方《かた》で、「呉音《ごおん》」という。

はじめは元気《げんき》よく、しだいに自信《じしん》なさげな口調《くちょう》で

えー、なっ、なっ、なんしか、にょしかですか、ハッハッハ、どうもこまっちゃたな、どうも。

生《う》まれたのは男《おとこ》の子《こ》か、女《おんな》の子《こ》かと聞《き》いてるんだよ。

一転《いってん》、うれしそうに元気《げんき》よく ④

おっ、何《なん》だ、ハナからそういってくれりゃーいいんだ。

英語《えいご》でいうからわからない……。ナンシかニョシかだなんて生《う》まれたのは男《おとこ》のガキです。

ガキだけよけいだ。男《おとこ》の子《こ》かい、じゃあ、お前《まえ》ももう安心《あんしん》だ。

隠居《いんきょ》さんねぇー、人《ひと》のこっだから「安心《あんしん》」だなんてノンキなこといってますがね、まだ「安心《あんしん》」って何《なに》も仕事《しごと》はしませんよ。

当《あた》りめぇだ、赤《あか》ん坊《ぼう》が仕事《しごと》をするわきゃない。あととりができたから安心《あんしん》だってぇんだ。

そうかい、そりゃめでたいな、じゃあお前《まえ》も何《なん》だろ、はじめて赤《あか》ん坊《ぼう》が生《う》まれる、こういう名前《なまえ》をつけたいとか、ああいう名前《なまえ》がいいとかっていうのがあるだろう。⑤

「合点《がてん》がいった」と右手《みぎて》で左手《ひだりて》をぽんとたたく。

▼「こういう名前《なまえ》をつけたい」「ああいう名前《なまえ》がいい」というせりふとともに、右手《みぎて》で、左手《ひだりて》の指《ゆび》を順《じゅん》にさして、数《かぞ》えるようなしぐさ。

③演《えん》じるポイント
名前《なまえ》をつけようと、やる気《き》になったご隠居《いんきょ》さん。八《はっ》つぁんから赤《あか》ん坊《ぼう》についていろいろ聞《き》きだそうと、じっと八《はっ》つぁんを見《み》つめる。

④演《えん》じるポイント
「むずかしいことをいわないでほしい」という気持《きも》ちの八《はっ》つぁん。わざと「ガキ」という言葉《ことば》をつかってみせる。

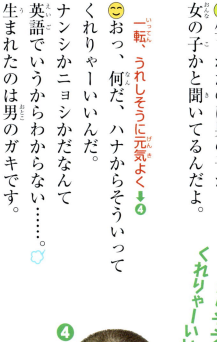

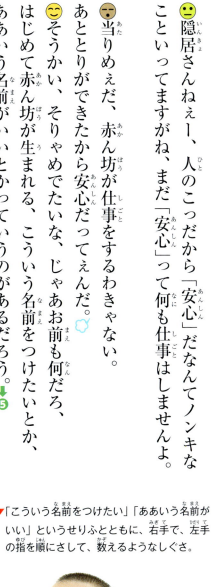

笑顔《えがお》でじっとご隠居《いんきょ》さんを見《み》つめながら
えーえー、そりゃまぁー、
あっしと家内《かない》の子《こ》どもですからね、
ひとつ勢《いきお》いのいいね、
長生《ながい》きできそうな丈夫《じょうぶ》で育《そだ》ちそうな、

真顔《まがお》でそでをまくりあげながら⬇1
ケンカっぱぇー名前《なまえ》がいいとおもって。

1

▲左手《ひだりて》でこぶしをにぎりしめ、ぐいっとそでをまくる。

何《なん》だい、その「ケンカっぱぇー」っていうのは。

あきれた返答《へんとう》にもなれて、すぐに平常心《へいじょうしん》になる
まぁーそりゃな、丈夫《じょうぶ》で長生《ながい》き。
これはどこの親御《おやご》さんでものぞむところだ。
あたしもいろんな、本《ほん》をもっているが、
なかから選《えら》んでつけてやろう。

手《て》ぬぐいをもった左手《ひだりて》を横《よこ》にのばし、体《からだ》の正面《しょうめん》に運《はこ》ぶ⬇2
めでたい名前《なまえ》がたくさん出《で》てくるな、
なかからひとつ選《えら》んでつけることにしよう。

2
めでたい名前《なまえ》がたくさん出《で》てくるな、
なかからひとつ選《えら》んでつけることにしよう。
たなにおいてある本《ほん》をとりだしてくるしぐさ。
1
体《からだ》の正面《しょうめん》にもってきたら本《ほん》をひらくしぐさ。
2

❷演《えん》じるポイント
もの知《し》りなことが自慢《じまん》のご隠居《いんきょ》さん。もったいぶったようすで本《ほん》をゆっくりととりだす。

本《ほん》に目《め》を落《お》としてから八《はっ》つぁんを見《み》る⬇3

うーん、そうだ、鶴《つる》は千年《せんねん》なんてことをいうからな、鶴吉《つるきち》、亀太郎《かめたろう》なんざ、こりゃーいい名前《なまえ》だ。めでたいよ。

考《かん》えこみながら

何《なん》ですか？　う〜ん、鶴《つる》は千年《せんねん》も生《い》きますか？

まあ、生《い》きるようだな。

不満《ふまん》そうなようすで⬇4

でも、千年《せんねん》たつっていうと死《し》んじゃうんでしょ、短《みじか》いねえ。もうちょっと、こう、長《なが》いのありませんか？

亀《かめ》の泳《およ》ぎを手《て》でまねながら⬇5

じゃー、亀《かめ》はどうだい？

亀《かめ》は何年《なんねん》生《い》きます？

亀《かめ》は万年《まんねん》の齢《よわい》をたもつというな。

◀左手《ひだりて》は本《ほん》をもち、右手《みぎて》で水《みず》をかくようなしぐさ。

両手《りょうて》を左右《さゆう》に開《ひら》いて、おもちをのばすようなしぐさ。

▲紙面《しめん》を指《ゆび》さしてせりふをいう。

びっくりしたようすで⬇①

かっ亀《かめ》が万年《まんねん》！　そりゃあね隠居《いんきょ》さん、
あてにならないよ。
このあいだね、となりの金坊《きんぼう》が夜店《よみせ》★にいって
亀《かめ》を買《か》ってきて、その晩しんじゃいましたよ。

冷静《れいせい》に八《はっ》つぁんの言葉《ことば》を受《う》けながす

じゃ、その晩《ばん》が万年目《まんねんめ》だったんだ。

今《いま》までと立場《たちば》が逆転《ぎゃくてん》し、あきれながら

そんなくだらないこと……、
ほかには、何《なに》かありませんか？

めでたい言葉《ことば》さがしが楽《たの》しくなってくる⬇②

うん、そーだな、
あっ、これなんざいいな。
この寿限無《じゅげむ》っていうんだがな。

何《なん》ですか、その「寿限無《じゅげむ》」っていうのは？

最初《さいしょ》のころよりわくわくしながら⬇③

これはもう見《み》た通《とお》り、「寿《ことぶき》、限《かぎ》り無《な》し」と
書《か》いて寿限無《じゅげむ》。めでたいことが、ずーっと続《つづ》くんだ！

▲手《て》ぬぐいをおいて「あてにならないよ」といいながら、手《て》で×をつくる。

▲言葉《ことば》をさがす際《さい》には、うでぐみや本《ほん》を読《よ》むしぐさをくりかえすとよい。

両《りょう》うでを下《した》から上《うえ》へ何度《なんど》かもちあげ、おめでたいことがあふれるようすを表現《ひょうげん》する。

★**夜店《よみせ》**
お祭《まつ》りの夜《よる》に出《で》る屋台《やたい》のこと。

③**演《えん》じるポイント**
ご隠居《いんきょ》さんは、だんだんとめでたい言葉《ことば》を探《さが》すのに熱中《ねっちゅう》しだして、人《ひと》の名前《なまえ》を考《かんが》えているということを忘《わす》れていってしまう。

いまひとつピンとこないようすで⬇4

はぁはぁ、寿限《ことぶきかぎ》り無《な》しと書《か》いて寿限無《じゅげむ》。
なるほどねー、まだありますか？

五劫《ごこう》のすりきれというのがあるなぁー。

何《なん》ですか、その「ごぼうがすりきれた」ってのは？

八《はっ》つぁんのおとぼけにあきれながら⬇5

ごぼうじゃない、五劫《ごこう》。五劫《ごこう》のすりきれ。

えー、これはな、一劫《いっこう》というのは長《なが》い年月《ねんげつ》を
あらわしたもので、三千年《さんぜんねん》に一《いっ》ぺん天女《てんにょ》が天下《あまくだ》り、
下界《げかい》の岩《いわ》を衣《ころも》のそででツルリとなぜ、
で、またおりてきてツルリ、
その岩《いわ》がすりきれてなくなってしまうのが、一劫《いっこう》。
五劫《ごこう》というとどのくらい先《さき》のことだかわからない。
だからめでたい。

へぇー、ずいぶん気《き》の長《なが》え話《はなし》だ。
ほかにまだ何《なん》かありますかね？

さらに本《ほん》をめくりながら

海砂利水魚《かいじゃりすいぎょ》の水行末《すいぎょうまつ》に、雲来末《うんらいまつ》に風来末《ふうらいまつ》、
というのがあるなぁ。

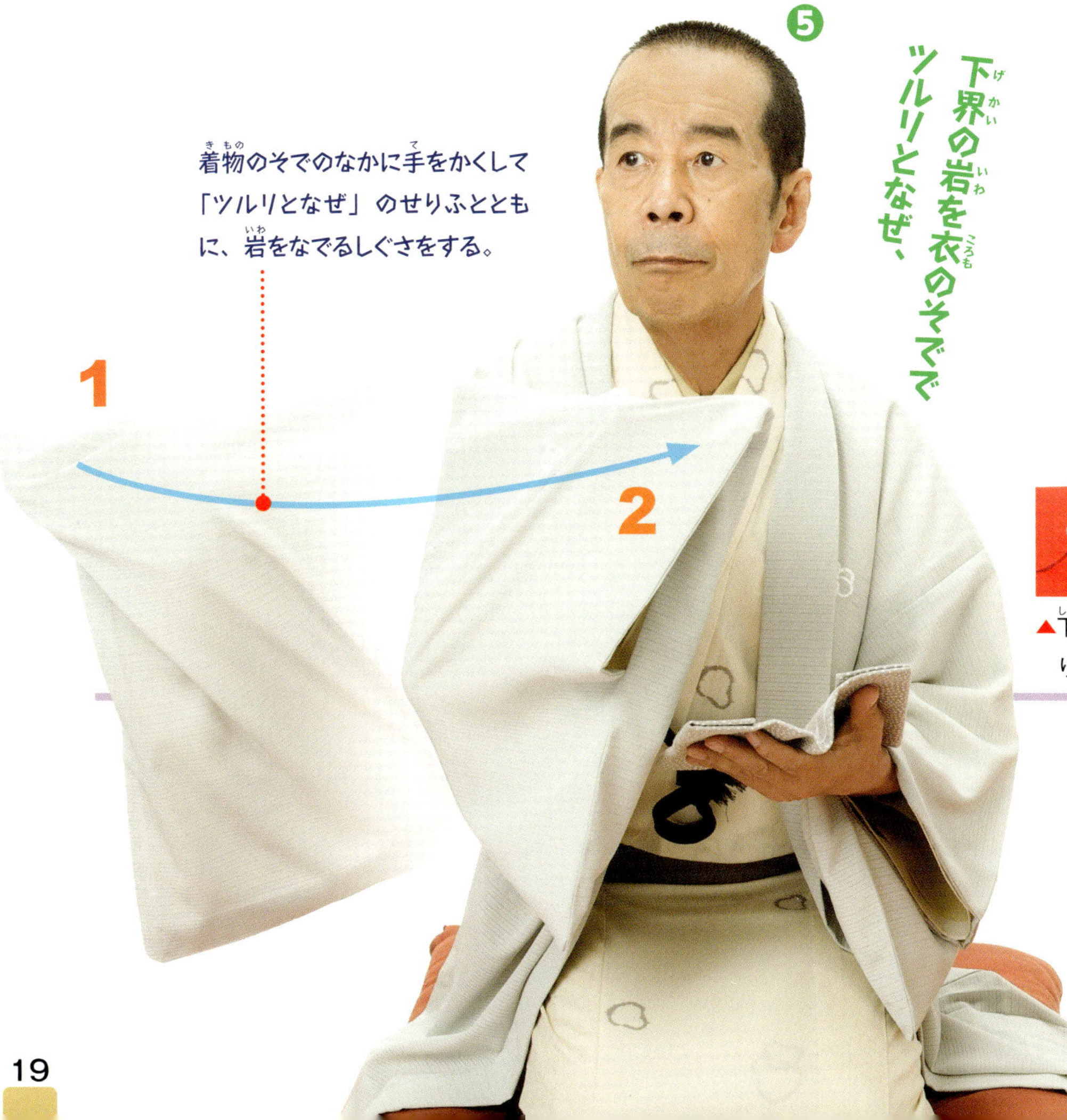
5
下界《げかい》の岩《いわ》を衣《ころも》のそででツルリとなぜ、
着物《きもの》のそでのなかに手《て》をかくして「ツルリとなぜ」のせりふとともに、岩《いわ》をなでるしぐさをする。
1
2

4
▲下《した》からご隠居《いんきょ》さんを見上《みあ》げて、「まだありますか？」とたずねる。

5 演《えん》じるポイント
知《し》っていることを得意《とくい》げにしゃべるご隠居《いんきょ》さん。長《なが》いせりふを流《なが》れるように読《よ》むのがポイント。

「末《まつ》」というひびきが「バツ」と聞《き》こえて気《き》にくわないようす⬇❶

❓何《なん》だい、そのバッバッっていうのは、
学校《がっこう》の成績《せいせき》が悪《わる》いような！

どんどん名前《なまえ》を出《だ》したくなり、八《はっ》つぁんの言葉《ことば》は軽《かる》く受《う》けながす

😊学校《がっこう》の成績《せいせき》じゃあないよ。海砂利水魚《かいじゃりすいぎょ》。
海《うみ》の砂利《じゃり》、水《みず》、魚《さかな》はいくらとってもとりつくせない。
水行末《すいぎょうまつ》 雲来末《うんらいまつ》 風来末《ふうらいまつ》、
水《みず》のゆく末《すえ》、雲《くも》や風《かぜ》のゆく末《すえ》はわからない。
末《すえ》がわからないということはおめでたいな。

😮ほぉー、わからないのが、めでてぇーんですか？

ご隠居《いんきょ》さんの話《はな》したそうなようすを察《さっ》して

😐まだあるんですか？

3つの動《うご》きをテンポよく⬇❷

😊食《く》う寝《ね》る処《ところ》に住《す》む処《ところ》というのがある。人間《にんげん》、
衣食住《いしょくじゅう》、この3つを欠《か》いては生《い》きていけない。

やっと理解《りかい》できる話《はなし》がでてきてうれしそう

😊あぁーそりゃあそうだよ。
食《く》ったり寝《ね》たりしなかった日《ひ》にゃ腹《はら》へってしんじゃうもんねー。
日干《ひぼ》しになっちまう、ものを食《く》わなかったら。
ワッハッハ、隠居《いんきょ》さんなんざ、しわばっかりだから

❶

▲指《ゆび》で小《ちい》さな×《バツ》をつくりながらたずねる。

❷

❷演《えん》じるポイント
すばやく動《うご》くなど、おもしろく見《み》えるように工夫《くふう》するとよい。

★藪柑子《やぶこうじ》
十両《じゅうりょう》ともよばれる。赤《あか》い実《み》は正月《しょうがつ》の飾《かざ》りにもつかわれる。

干物《ひもの》に近《ちけ》ーほうだ。⬇3

ムッとして

よけーなことをいうんじゃない。

すぐに本《ほん》をめくりはじめる

藪柑子《やぶこうじ》の藪柑子《やぶこうじ》っていうのがあるよ。
藪柑子《やぶこうじ》★という木《き》はまことにめでたい木《き》でなぁ。
春《はる》は若葉《わかば》を生《しょう》じ、夏《なつ》は花《はな》が咲《さ》き、秋《あき》には実《み》を結《むす》び、
冬《ふゆ》には赤《あか》き色《いろ》をそえて霜《しも》をもしのぐというのでめでたい。

感心《かんしん》したようすで

へぇー、いろんなめでてぇって
いうのがあるんだね。まだありますか？

本《ほん》の文字《もじ》を指《ゆび》で追《お》いながら⬇4

パイポパイポパイポのシューリンガン
シューリンガンのグーリンダイ
グーリンダイのポンポコナー
ポンポコナーのポンポコピーっていうのがあるがどうだい？

少《すこ》し間《ま》をあけてから、不満《ふまん》をはきだす⬇5

あっブゥー、冗談《じょうだん》じゃねぇーや、
こっちが何《なに》も知《し》らないと思《おも》って、ポンポコポンポコ、
タヌキが腹《はら》つづみしてるんじゃあるめぇーし！

▲「ワッハッハ」という笑《わら》い声《ごえ》とともにご隠居《いんきょ》さんを指《ゆび》さす。

「ばかにしないでほしい」という表情《ひょうじょう》。

左右《さゆう》の手《て》でおなかをこうごにたたいてタヌキのまねをする。

5 演《えん》じるポイント
威勢《いせい》よく一息《ひといき》でいいきると、江戸《えど》っ子《こ》らしい演技《えんぎ》になる。

上《うえ》を向《む》き、目《め》を細《ほそ》めながら⬇❶

これは昔《むかし》、パイポという国《くに》があってな、
シューリンガンという王様《おうさま》と
グーリンダイというお妃《きさき》がおった。
そのあいだに生《う》まれたのが
ポンポコナー様《さま》とポンポコピー様《さま》のお二方《ふたかた》。
これがまことにたぐいまれな長寿《ちょうじゅ》でなあ、
その国《くに》が長《なが》く栄《さか》えたというおめでたい、
これはまあ外国《がいこく》の話《はなし》だ。

つまらなそうに

何《なん》だ。がいこつの話《はなし》か。

無知《むち》な八《はっ》つぁんに対《たい》し不満《ふまん》そうな表情《ひょうじょう》で

がいこつっていうやつがあるか。

ご隠居《いんきょ》さんのいかりをたちきるように質問《しつもん》する

まだほかにさっぱりした
わかりやすいやつありませんかね？

すかさず答《こた》え、得意《とくい》げに説明《せつめい》⬇❷

長久命《ちょうきゅうめい》の長助《ちょうすけ》というのがある。
長《なが》く久《ひさ》しい命《いのち》、それを長《なが》く助《たす》けると書《か》いて長助《ちょうすけ》。
こんなにめでたい名前《なまえ》はない。

❷

▲「長《ちょう》」「久《きゅう》」「命《めい》」という字《じ》を指《ゆび》ですばやくなぞりながらしゃべる。

遠《とお》い外国《がいこく》の昔話《むかしばなし》を想像《そうぞう》しながらしゃべるように、手《て》を高《たか》くあげる。

❶

❶演《えん》じるポイント
遠《とお》い豊《ゆた》かな国《くに》のようすを想像《そうぞう》しながら、感情《かんじょう》をこめて語《かた》る。ゆっくり目《め》に、昔話《むかしばなし》を聞《き》かせるようにしゃべるのがポイント。

手《て》をたたいて大《おお》きな音《おと》を立《た》てる。

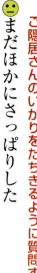

パート2 「寿限無」に挑戦しよう！

納得《なっとく》して手《て》をぱんとたたく③
ハハァー、なるほどねー。それはめでてぇ！

急《きゅう》にこまった表情《ひょうじょう》をうかべる④
だけどそれ隠居《いんきょ》さん、何《なん》ですか、これみんなめでてぇー名前《なまえ》なんですねー。こりゃあ、弱《よわ》っちゃったなー。こんなにあったって、さぁー、こんなになかなか覚《おぼ》えられねー。

何《なに》をばかなことをいってるんだい。このなかからお前《まえ》、ひとついいのを選《えら》んでつけるんだよ。

手《て》ぬぐいを前《まえ》にさしだしながら⑤
そうですかぁ、じゃあちょっと紙《かみ》に書《か》いてもらえませんかねぇー。

では書《か》いてあげよう。

まじめな顔《かお》で
すいません、漢字《かんじ》はいけませんよ。つきあいがないもんですから。仮名《かな》でわかりやすく。

▲額《ひたい》にぐりぐりと指《ゆび》をおしつける。

5
手《て》ぬぐいを紙《かみ》に見《み》たてる。

③演《えん》じるポイント
わかりやすい名前《なまえ》を聞《き》いて、いかにもうれしそうな表情《ひょうじょう》で。

⑤演《えん》じるポイント
手《て》ぬぐいを下《した》からさしだすようにして、ご隠《いん》居《きょ》さんにお願《ねが》いをする。むかしの庶民《しょみん》は、平仮名《ひらがな》しか読《よ》めない人《ひと》も多《おお》かったため、仮名《かな》で書《か》くよう注文《ちゅうもん》することになる。

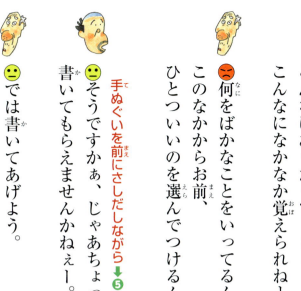

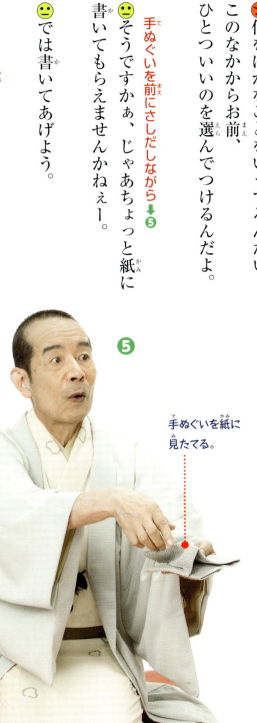

名前《なまえ》を書《か》きとめるご隠居《いんきょ》の手《て》もとをながめ

えっえー、もう書《か》けたんですか。

ははぁー、なるほどなー、

大《たい》したもんだねぇー、えー。

名前《なまえ》の書《か》かれた紙《かみ》を受《う》けとり、じっと見《み》つめる

すみません、へー、これみんな

めでてぇー名前《なまえ》なんだ。

ふぅーん、一番《いちばん》ハナん所《ところ》、

寿限無《じゅげむ》っていうんですか？　寿限無《じゅげむ》ねぇー。

最初《さいしょ》はぎこちなく、じょじょにリズムにのっていく⬇❶

寿限無《じゅげむ》 寿限無《じゅげむ》 五劫《ごこう》のすーりきれ 海砂利水魚《かいじゃりすいぎょ》の

水行《すいぎょう》まーつ 雲来《うんらい》まーつ 風来《ふうらい》まーつ

食《く》う寝《ね》る処《ところ》に住《す》む処《ところ》 藪《やぶ》ら柑子《こうじ》の藪柑子《やぶこうじ》

このあたりからだんだんとお経《きょう》を読《よ》むような口調《くちょう》にかえていく

パイポパイポ パイポのシューリンガン

シューリンガンのグーリンダイ グーリンダイのポンポコナー

ポンポコナーのポンポコピーの長久命《ちょうきゅうめい》の長《ちょう》ーすーけー……、

チーンと音《おと》を鳴《な》らすしぐさのあと、ふたたび、おがむしぐさ⬇❷

チ～ン！　どうぞ、ご親《しん》せきの方《かた》からご焼香《しょうこう》をー……。

悪《わる》ふざけする八《はっ》つぁんにいらだちながら

何《なに》をバカなことをいってるんだい。

だからな、そのなかからひとつだけいいのを選《えら》んで

子《こ》どもにつけるんだよ。

❶
紙《かみ》からは目《め》をはなさない。
「パイポパイポ」あたりで、一度《いちど》おがみ、続《つづ》いて扇子《せんす》をとって木魚《もくぎょ》をたたくまねをする。
1
2

❷
「チーン!」でたたくのをやめる。
チーン!
1
2

❶**演《えん》じるポイント**

字《じ》が得意《とくい》でない八《はっ》つぁん。最初《さいしょ》はぎこちなく、つかえたりしながら読《よ》むとよい。

❷**演《えん》じるポイント**

背筋《せすじ》をのばし、神妙《しんみょう》な顔《かお》をして、お坊《ぼう》さんになったつもりで。

あらためておどろいた表情《ひょうじょう》で⬇3

ひとつ、ひとつだけ！　ね、隠居《いんきょ》さんね、
これだけめでたいってのがそろってひとつだけって、
そんなしみったれ★たことを。

あきれたようすで

しみったれっていうんじゃないよ。

あのー、これみなめでたいんなら、
もったいないからね、じゃ、これみなつけちゃいます。

場面《ばめん》3 寿限無《じゅげむ》、登校《とうこう》する

正面《しょうめん》を向《む》き、演者自身《えんじゃじしん》の言葉《ことば》としてしゃべる⬇4

と、まあ、大変《たいへん》な人《ひと》があるもんで、
家《いえ》にかえるとおかみさんと相談《そうだん》して
この長《なが》い名前《なまえ》をそっくりつけちまう。
子《こ》どもは、むし気《け》★もなくスクスク育《そだ》ち成長《せいちょう》する。
やがて小学生《しょうがくせい》の一年生《いちねんせい》になる。
お子《こ》さんなんていうのは朝早《あさはや》いから、
もう友《とも》だちがむかえにまいります。

▲紙《かみ》をご隠居《いんきょ》さんにむけて「これだけめでたいのがそろって」とうったえる。

せりふとともに、子《こ》どもの背《せ》がのびるようすを手《て》で表現《ひょうげん》する。

★**しみったれ**　けちなようすや、けちな人《ひと》のこと。

4**演《えん》じるポイント**　演者自身《えんじゃじしん》の言葉《ことば》を入《い》れて場面転換《ばめんてんかん》。

★**むし気《け》**　病気《びょうき》をもたらすもの（昔《むかし》は「虫《むし》」とよんだ）のこと。

家《いえ》の外《そと》(下手《しもて》)からなか(上手《かみて》)へよびかける⬇❶

おばちゃーん、おばちゃんの所《ところ》のね、
寿限無《じゅげむ》 寿限無《じゅげむ》 五劫《ごこう》のすりきれ
海砂利水魚《かいじゃりすいぎょ》の水行末《すいぎょうまつ》 雲来末《うんらいまつ》 風来末《ふうらいまつ》 食《く》う寝《ね》る処《ところ》に住《す》む処《ところ》
藪《やぶ》ら柑子《こうじ》の藪柑子《やぶこうじ》 パイポパイポ パイポのシューリンガン
シューリンガンのグーリンダイ
グーリンダイのポンポコナー ポンポコナーのポンポコピーの
長久命《ちょうきゅうめい》の長助《ちょうすけ》ちゃーん、学校《がっこう》いかないかー。

下手《しもて》を向《む》きおかみさんのせりふは少《すこ》し早口《はやくち》で⬇❷

あらまぁ竹《たけ》ちゃんかい、いつもすまないねー、おむかえかい。
うちの寿限無《じゅげむ》 寿限無《じゅげむ》 五劫《ごこう》のすりきれ
海砂利水魚《かいじゃりすいぎょ》の水行末《すいぎょうまつ》 雲来末《うんらいまつ》 風来末《ふうらいまつ》 食《く》う寝《ね》る処《ところ》に住《す》む処《ところ》
藪《やぶ》ら柑子《こうじ》の藪柑子《やぶこうじ》 パイポパイポ パイポのシューリンガン
シューリンガンのグーリンダイ グーリンダイのポンポコナー
ポンポコナーのポンポコピーの長久命《ちょうきゅうめい》の長助《ちょうすけ》はね、
まだねてるのよ。今《いま》おこしますからね。

上手《かみて》の下《した》の方《ほう》にむかっておこすしぐさ⬇❸

これこれ、うちの
寿限無《じゅげむ》 寿限無《じゅげむ》 五劫《ごこう》のすりきれ
海砂利水魚《かいじゃりすいぎょ》の水行末《すいぎょうまつ》……。

待《ま》ちきれずに

おばちゃーん、僕学校遅《ぼくがっこうおそ》くなるから先《さき》いくよ。

▲上《うえ》を見《み》あげて、子《こ》どもらしさを演出《えんしゅつ》する。

あらまぁ、竹《たけ》ちゃんかい、いつもすまないねー、
1
1
2
2
ねている寿限無《じゅげむ》を指《ゆび》さすときは上手《かみて》方向《ほうこう》をさし、左手《ひだりて》はひざの上《うえ》におく。
おかみさんが竹《たけ》ちゃんとしゃべるときは、左手《ひだりて》で右手《みぎて》のそでをおさえながら右手《みぎて》を動《うご》かす。

▲ねている寿限無《じゅげむ》をゆすっておこそうとする。

❷演《えん》じるポイント

竹《たけ》ちゃんとしゃべるときは下手《しもて》を向《む》き、寿限《じゅげ》無《む》をおこすときは上手《かみて》を向《む》くことで、家《いえ》の外《そと》となかにいる人《ひと》に声《こえ》をかけているようすが、はっきりする。

場面《ばめん》 4 八《はっ》つぁんの家《いえ》で

正面《しょうめん》を向《む》く ⬇4

とまあ、遅《おそ》くなるのが
あたり前《まえ》で、この子《こ》が
わんぱく坊主《ぼうず》で、
のべつケンカをする。
ポカッとなぐられた方《ほう》は大《おお》きな声《こえ》で
うったえにまいりまして……。

わんわん泣《な》きながら ⬇5

うわーん、おばちゃーん、おばちゃんちのね、
寿限無《じゅげむ》 寿限無《じゅげむ》 五劫《ごこう》のすりきれ
海砂利水魚《かいじゃりすいぎょ》の水行末《すいぎょうまつ》 雲来末《うんらいまつ》 風来末《ふうらいまつ》
食《く》う寝《ね》る処《ところ》に住《す》む処《ところ》 藪《やぶ》ら柑子《こうじ》の藪柑子《やぶこうじ》
パイポパイポ パイポのシューリンガン
シューリンガンのグーリンダイ
グーリンダイのポンポコナー
ポンポコナーのポンポコピーの
長久命《ちょうきゅうめい》の長助《ちょうすけ》ちゃんがね、
あたいの頭《あたま》をぶって、こんなに大《おお》きな
コブをこさえちゃったの！

▲「ポカッとなぐられた方《ほう》は大《おお》きな声《こえ》でうったえにまいりまして……」でこぶしをあげる。

せりふの最後《さいご》でコブを指《ゆび》さす。

うわーん、おばちゃーん、おばちゃんちのね、

5 演《えん》じるポイント
泣《な》いているので口《くち》をなるべくとじないで、大《おお》きな声《こえ》で、せりふをいう。

びっくりしたようすで下手《しもて》を見《み》て⬇❶

あらー、それじゃあ何《なに》かい、うちの
寿限無《じゅげむ》 寿限無《じゅげむ》 五劫《ごこう》のすりきれ
海砂利水魚《かいじゃりすいぎょ》の水行末《すいぎょうまつ》 雲来末《うんらいまつ》 風来末《ふうらいまつ》
食《く》う寝《ね》る処《ところ》に住《す》む処《ところ》 藪《やぶ》ら柑子《こうじ》の藪柑子《やぶこうじ》
パイポパイポ パイポのシューリンガン
シューリンガンのグーリンダイ
グーリンダイのポンポコナー
ポンポコナーのポンポコピーの長久命《ちょうきゅうめい》の長助《ちょうすけ》が、
マーちゃんの頭《あたま》をたたいて
こんなコブをこさえたのかい？
そりゃあ、わるいことしたねぇ。

上手《かみて》の八《はっ》つぁんの方《ほう》に向《む》きなおして⬇❷

ちょっとお前《まえ》さん聞《き》いたかい？
うちの寿限無《じゅげむ》 寿限無《じゅげむ》 五劫《ごこう》のすりきれ
海砂利水魚《かいじゃりすいぎょ》の水行末《すいぎょうまつ》 雲来末《うんらいまつ》 風来末《ふうらいまつ》
食《く》う寝《ね》る処《ところ》に住《す》む処《ところ》 藪《やぶ》ら柑子《こうじ》の藪柑子《やぶこうじ》
パイポパイポ パイポのシューリンガン
シューリンガンのグーリンダイ
グーリンダイのポンポコナー
ポンポコナーのポンポコピーの
長久命《ちょうきゅうめい》の長助《ちょうすけ》がね、マーちゃんの
頭《あたま》ぶってあんな大《おお》きなコブを
こしらえたんだってさ。

❶
あら〜、こんなコブをこさえたのかい？
右手《みぎて》を胸《むね》の前《まえ》から顔《かお》の横《よこ》に引《ひ》きよせて、寿限《じゅげ》無《む》のわんぱくぶりにあわてるようすを表現《ひょうげん》。
1
2

❷
ちょっとお前《まえ》さん聞《き》いたかい？
あんな大《おお》きなコブをこしらえたんだってさ。
上手《かみて》の八《はっ》つぁんの方《ほう》を向《む》いてはなす。
八《はっ》つぁんをよぶときは、左手《ひだりて》を口《くち》もとにそえ、右《みぎ》手《て》はひざの上《うえ》。コブの話《はなし》をするときは、右手《みぎて》で頭《あたま》を指《ゆび》さし、左手《ひだりて》をひざの上《うえ》におく。
1
2
1
2

❶演《えん》じるポイント
手《て》をほほの横《よこ》にそえて、女性《じょせい》のおどろいた表情《ひょうじょう》を演出《えんしゅつ》。あわてたようすで、少《すこ》し早口《はやくち》でしゃべる。

❷演《えん》じるポイント
マーちゃんに向《む》かっていたときよりもけわしい口調《くちょう》で、さらに早口《はやくち》でしゃべる。おかみさんが手《て》を動《うご》かすときは、どちらか一方《いっぽう》の手《て》はひざの上《うえ》におくことで女性《じょせい》らしさを演出《えんしゅつ》。

寿限無《じゅげむ》へのいかりから、下手《しもて》を見《み》ながらうでまくりをして

なにー、それじゃあ何《なに》か、
うちの寿限無《じゅげむ》 寿限無《じゅげむ》
五劫《ごこう》のすりきれ
海砂利水魚《かいじゃりすいぎょ》の水行末《すいぎょうまつ》 雲来末《うんらいまつ》 風来末《ふうらいまつ》
食《く》う寝《ね》る処《ところ》に住《す》む処《ところ》 藪《やぶ》ら柑子《こうじ》の藪柑子《やぶこうじ》
パイポパイポ パイポのシューリンガン
シューリンガンのグーリンダイ
グーリンダイのポンポコナー
ポンポコナーのポンポコピーの
長久命《ちょうきゅうめい》の長助《ちょうすけ》、マーちゃんの
頭《あたま》にコブをこさえた？

マーちゃんにむかって手《て》まねき⬇❸

ったく、マーちゃん、マーちゃん、
こっちにきな、こっちに。
ええ、すまなかったな。
じゃあ、おじさんにコブを見《み》せな！

しばらくコブをさがすが見《み》つからない

どこだい？
コブなんかどこにもないじゃないか。

泣《な》きかたは最初《さいしょ》より弱《よわ》く、上手《かみて》をむいて⬇❹

あんまり名前《なまえ》が長《なが》いんで
コブが引《ひ》っこんじまった！

❸
こっちにきな、こっちに。
コブを見《み》せな！
1
少《すこ》し下《した》を見《み》て手《て》まねきする。
マーちゃんの頭《あたま》をのぞきこむ。
2
コブなんかどこにもないじゃないか。

❹
引《ひ》っこんじまった！
1
せりふの最初《さいしょ》は左手《ひだりて》で目《め》をおさえながらしゃべりだすが、泣《な》きつかれて、左手《ひだりて》はひざの上《うえ》におろす。
2

❸演《えん》じるポイント
江戸《えど》っ子《こ》の八《はっ》つぁんは、ケンカときいてもあわてない。落《お》ちついたようすでマーちゃんをよぶ。

❹演《えん》じるポイント
「コブが引《ひ》っこんじまった！」というせりふとともに、両手《りょうて》をおろして、泣《な》きやんで、おじぎをする。

いろいろな落《お》ち

「寿限無《じゅげむ》」の落《お》ちは、ひとつだけではありません。古《ふる》くから、いくつものパターンで演《えん》じられてきました。

荒唐無稽《こうとうむけい》な落《お》ち

「寿限無《じゅげむ》」の落《お》ちは、どれも現実《げんじつ》にはありえないようなものばかりですが、想像力《そうぞうりょく》をかきたてられることで笑《わら》いにつながります。

夏休《なつやす》み

入学式《にゅうがくしき》の日《ひ》に学校《がっこう》にいこうと寿限無《じゅげむ》……をさそう友《とも》だち。おかみさんが、ねている寿限無《じゅげむ》……をおこそうと名前《なまえ》をよぶ。ところがあまりにも長《なが》い名前《なまえ》。そのことを友《とも》だちが「もう夏休《なつやす》みになっちゃったよ」という落《お》ち。

仲直《なかなお》り

寿限無《じゅげむ》……にぶたれた子《こ》の親《おや》が、寿限無《じゅげむ》……の家《いえ》に抗《こう》議《ぎ》にやってくる。親同士《おやどうし》が、長《なが》い名前《なまえ》をいいながらもめているあいだに、子《こ》どもたちは仲直《なかなお》りしていたという落《お》ち。

転《ころ》んで

転《ころ》んで泣《な》いている寿限無《じゅげむ》……が、通《とお》りがかったおじさんに名前《なまえ》を聞《き》かれる。名前《なまえ》をこたえているうちに寿限《じゅげ》無《む》……は泣《な》きやんで「名前《なまえ》をいっているうちに、痛《いた》くなくなった」という落《お》ち。

表札《ひょうさつ》

大人《おとな》になって、結婚《けっこん》した寿限無《じゅげむ》……。家《いえ》を構《かま》えて表札《ひょうさつ》をつくろうとしたら、とんでもなく長《なが》くなってしまったという落《お》ち。

新作落語《しんさくらくご》を演《えん》じる落語家《らくごか》のなかには、まったく新《あたら》しい、オリジナルの落《お》ちやストーリーを考《かんが》える人《ひと》もいるよ。

▶落《お》ちをいったら、おじぎをして終《お》える。

さくいん

あ

衣食住《いしょくじゅう》……20
一劫《いっこう》……4、19
井戸端《いどばた》……10
江戸《えど》っ子《こ》……6、12、21、29
落《お》ち……30

か

海砂利水魚《かいじゃりすいぎょ》……4、19
仮名《かな》……4、23
上手《かみて》……6、9、11、26、28、29
亀《かめ》は万年《まんねん》……17
『軽口御前男《かるくちごぜんおとこ》』……5
漢字《かんじ》……4、5、23
食《く》う寝《ね》る処《ところ》に住《す》む処《ところ》……5、20
五劫《ごこう》のすりきれ……4、19
呉音《ごおん》……14
ご焼香《しょうこう》……24

さ

七夜《しちや》……12
質屋《しちや》……12
しみったれ……25
下手《しもて》……6、12、26、28、29
寿限無《じゅげむ》……4、18
初七日《しょなのか》……11、12
新作落語《しんさくらくご》……30
水行末《すいぎょうまつ》　雲来末《うんらいまつ》　風来末《ふうらいまつ》……5、19、20

た

タヌキ……21
中国《ちゅうごく》……5、14
長久命《ちょうきゅうめい》……5、22
長助《ちょうすけ》……5、22
鶴《つる》は千年《せんねん》……17
天女《てんにょ》……19

な

長屋《ながや》……6、10
男子《なんし》……14
女子《にょし》……14

は

パイポのシューリンガン　グーリンダイ　ポンポコナー　ポンポコピー……5
腹《はら》つづみ……21
仏教《ぶっきょう》……4
べらんめえ口調《くちょう》……6

ま

むし気《け》……25
『無量寿経《むりょうじゅきょう》』……4
木魚《もくぎょ》……24
唐土《もろこし》……5

や

米沢彦八《よねざわひこはち》……5
夜店《よみせ》……18
藪《やぶ》ら柑子《こうじ》の藪柑子《やぶこうじ》……5、21
藪柑子《やぶこうじ》……20、21

※寿限無《じゅげむ》……の名前《なまえ》として出《で》てくる言葉《ことば》は、言葉《ことば》の意味《いみ》を解説《かいせつ》しているページのみを記《しる》しています。

■ 監修／林家木久扇（はやしや・きくおう）

1937年、東京生まれ。19歳のときに漫画家、清水崑氏に師事。清水氏の紹介により、落語家、三代目桂三木助門下に入門。三木助没後、八代目林家正蔵門下へと移り、林家木久蔵となる。2007年に林家木久扇を襲名。テレビ番組「笑点」のレギュラーなど、多方面で活躍している。おもな著書は「林家木久蔵の子ども落語」シリーズ（フレーベル館）、『ぼくの人生落語だよ』（ポプラ社）、『大喜利ドリル』（講談社）、『天才林家木久扇のだじゃれことばあそび100』（チャイルド本社）、『林家木久扇のラーメンてんぐ　イカニモあらわるのまき』（チャイルド本社）、『日本語力をきたえることばあそび5』（フレーベル館）など多数。

■ 出演／林家木久扇

■ 編・著／こどもくらぶ

あそび・教育・福祉・国際分野で、毎年100タイトルほどの児童書を企画、編集している。

■ 企画・制作・デザイン／株式会社エヌ・アンド・エス企画
吉澤光夫

■ 撮影／福島章公

■ イラスト／林家木久扇

この本の情報は、特に明記されているもの以外は、2014年12月現在のものです。

林家木久扇《はやしやきくおう》のみんなが元気《げんき》になる学校寄席入門《がっこうよせにゅうもん》　❸演《えん》じてみよう「寿限無《じゅげむ》」

2015年２月５日　　初版第１刷発行　　NDC779

発行者　竹内淳夫
発行所　株式会社 彩流社
〒102-0071 東京都千代田区富士見2-2-2
電話　03-3234-5931
FAX　03-3234-5932
E-mail　sairyusha@sairyusha.co.jp
http://www.sairyusha.co.jp

印刷・製本　凸版印刷株式会社

※落丁、乱丁がございましたら、お取り替えいたします。
※定価はカバーに表示してあります。

280×210mm　32p
ISBN978-4-7791-5006-7　C8376